INVENTAIRE
Yf.9-189

LES ECRITEAUX
POUR
LES PLAIDEURS
DES SCENES
MUETTES.

A PARIS;

M. DCC XII.

Avec Approbation & Permission.

ACTEURS DE LA PIÈCE & du Divertissement.

LA FEMME DU DOCTEUR, Maîtresse de troupe.
ARLEQUIN, Amant de Colombine.
DEUX BASQUES.
TROIS BOHEMIENNES disant la bonne avanture.
APOLLON.
ARLEQUINE.
PIERROT, Valet du Docteur.
DAME GIGOGNE.
DEUX PENDULES, Danseuses.
DEUX NAINS, Danseurs.
COLOMBINE, Fille du Docteur.
LE DOCTEUR.
SCARAMOUCHE, Ami d'Arlequin.
DEUX POLICHINELLES, Danseurs.
UN SCARAMOUCHE ET UNE SCARAMOUCHETTE, Danseur & Danseuse.
UN PRINCE AFRIQUAIN.
DEUX MORES, Danseurs.
DEUX MORESSES, Danseuses.
DEUX ESCLAVES, Danseurs.
JUPITER.
MOMUS.

A ij

MERCURE.
L'AMOUR.
Troupe de BERGERS & de BERGERES.
Troupe de SYMPHONISTES.
UNE TOURNEUSE.
UN MAGICIEN.
UN ANGLOIS faisant l'exercice de l'échelle.
Troupe de PAYSANS & de PAYSANNES.
UNE IVROGNESSE, Danseuse.
DEUX INDIENS, Danseurs.
DEUX TURQUESQUES, Danseuses.
UN MATASSIN, Danseur.
UN PANTALON & CRISPIN.

Avis au Lecteur.

Pour l'intelligence de cette Piece, il est necessaire de la venir voir.

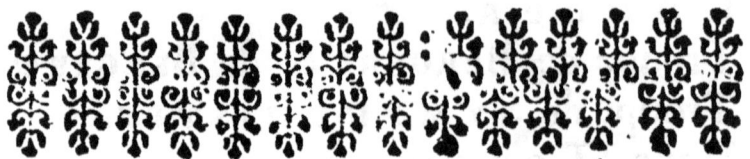

ACTE PREMIER.

LE theatre represente une tres belle chambre, au fond de laquelle sont deux pendules.

SCENE PREMIERE.

LA FEMME DU DOCTEUR.

La femme du Docteur vétuë d'une robbe magnifique, tenant un mouchoir à la main, fait quelques tours en se desesperant, & aprés plusieurs lazis qu'il faut voir pour les comprendre, montre l'écriteau qui suit, pour faire connoître qu'elle n'a pas sa troupe complette à cause de son procés avec les Romains, sur l'air: *Un inconnu.*

Toûjours plaider, ô monstres de nature !
Romains cent fois plus méchants que les loups,
Race parjure,
Tirans jaloux,
Et contre qui, cruels, batailliez-vous ?
C'est votre sang, tout le monde en murmure.

SCENE II.

LA FEMME DU DOCTEUR, ARLEQUIN.

Arlequin qui étoit resté seul de la troupe du Docteur, fait plusieurs lazzis en entrant; & n'apperçevant point sa maîtresse marche sur sa robbe de chambre, ce qui les fait tomber tous deux d'une maniere fort plaisante. Il se sauve sans être apperçû.

SCENE III.

LA FEMME DU DOCTEUR, deux Basques, trois Bohemienes.

Deux Basques & trois Bohemienes viennent en dansans, la femme du Docteur les prie de lui dire ce qu'elles pensent de son procés: une Bohemiene lui regarde dans la main, & lui montre le vaudeville suivant, sur l'air: *C'étoit la bonne méthode.*

>Ranimez votre courage,
>Ne vous affligez plus tant,
>Je répons de l'avantage,
>Il n'est rien de plus constant ;
>Vous avez le vent en poupe,
> Votre jeu,
>Vaut mieux que la troupe
>Qui leur reste depuis peu.

SCENE IV.

APPOLLON, LA FEMME DU DOCTEUR, DEUX BASQUES, trois Bohemienes.

Une simphonie armonieuse annonce l'arrivée d'Apollon; il descend dans sa gloire : les Basques & les Bohemienes dansent leur entrée, une de ces Bohemienes ayant une piramide sur la tête comme avoit le Turc; mais elle danse d'une propreté sans pareille, & tous les jours elle fera quelque chose de surprenant : leur entrée finie Apollon montre cet écriteau à la femme du Docteur, sur l'air, *de Joconde.*

Rassurez vous : car Apollon
Prendra votre deffense;
Des Romains la morte saison
Les livre à ma vangeance

Je leur viens d'inspirer à tous
De se joindre à la banque,
Afin que joüant comme vous,
La parole leur manque.

Ce vaudeville chanté, Apollon se retire, les Basques & les Bohemienes s'en vont.

SCENE V.

LA FEMME DU DOCTEUR,
ARLEQUIN.

Arlequin vient, & par ses gestes à la Romaine donne à entendre à la femme du Docteur que les Romains demandent à lui parler pour faire une societé.

SCENE VI.

ARLEQUINE, LA FEMME DU DOCTEUR, PIERROT,
Arlequin.

Les Romains entrent, Pierrot marche à la tête, ils sont habillez à peu prés comme ils étoient quand ils ont réprésenté l'amour Chalatan, & Arlequin montre cet écriteau au Parterre, sur l'air de Joconde.

> Autrefois dans les mêmes lieux
> Tous remplis de ma gloire,
> Je chantois sur mes envieux
> Des chansons de victoire;
> A present qu'une triste loi
> Me condamne au silence,
> C'est à vous de donner pour moi
> Ces soins à ma vangeance.

Arlequin prend la perruque & le chapeau de Pierrot qu'il met sur sa teste en le contrefaisant. Pierrot qui voit qu'Arlequin se moque de lui, ne sçachant plus que dire à la femme du Docteur, lui presente Arlequine qui se jette à ses pieds, & lui demande pardon aussi bien que pour Pierrot, de ce qu'ils ont pû faire à son désavantage par ce vaudeville, sur l'air : *Quand le peril est agréable.*

Pierrot se reconnoît coupable,

Je demande votre amitié,
Hélas n'aurez vous point pitié
De qui vous est semblable ?

La femme du Docteur, s'addres[sa]nt à Pierrot, répond par ce cou[p]let, sur l'air : *Pirrus ce grand Ca-itaine*.

Quel bonheur dans votre course
De me trouver sur vos pas,
Pour vous tirer d'embarras,
N'ayant plus rien dans la bourse,
Pour vous tirer d'embarras
N'ayant aucune resource,
Pour vous tirer d'embarras,
Que ne me devez vous pas.

Arlequine fait des lazzis de son [c]aractere ; & pour montrer à la [f]emme du Docteur qu'elle ne vient [c]hez elle que pour être actrice, [l]ui presente le couplet qui suit, [su]r l'air : *Qu'on apporte bouteille*.

Je suis jeune & badine
D'un petit entretien,
Prenez moi pour votre Arlequin ;
Pierrot sçait que je l'entens bien.

La femme du Docteur la prie de danser son entrée avec Arlequin, aprés quoi elle prie Pierrot de lui trouver une Marinette & une Colombine par le vaudeville suivant, sur l'air : *Tout cela m'est indifferent.*

    Il me faut tout presentement
    Deux femmes vous sçavez comment,
    Du moins une qui soit jolie,
    Et s'il se peut, du fruit nouveau ;
    Sans cela, c'est une folie
    De prendre un jeu dans le Preau.

Pierrot répond par ce vaudeville, sur le même air.

    J'ai déja sçû les prevenir,
    Bien-tost elles doivent venir ;
    L'une des deux est bien jolie :
    Mais revenons au fruit nouveau,
    Je gagerois bien sur la vie
    Qu'il n'en est point dans le Preau.

Aprés ce vaudeville, Arlequin prend le tonnelet de Pierrot, & s'en va en le contrecarrant. Pierrot

rot le fuit, Arlequin lui donne un coup de pied dans l'eſtomac & ſe ſauve.

SCENE VII.

LE DOCTEUR, SA FEMME,
Arlequin, Pierrot, une Païſanne & un Païſan.

Une Païſanne ſe jette, en criant, entre les bras du Docteur, un Païſan court aprés & tombe à ſes pieds voulant l'attraper, le Docteur le retient. La Païſanne ſe voyant en ſeureté ménace le Païſan qui lui montre le vaudeville ſuivant, ſur l'air : *Non non, je ne veux pas rire, non.*

 Pourquoi ne m'aimez vous plus tant,
 Pourquoi ne m'aimez vous plus tant?
 Aprés m'avoir rendu content
 Qu'avez vous à me dire :
 D'abord que l'on veut bien rire,
 D'abord que l'on veut bien rire,
   D'abord,
 Eſt-ce qu'on ſe retire ?

       B

La Païsanne lui répond aussi-tôt, sur le même air.

Et qui ne vous haïroit pas,
Et qui ne vous haïroit pas,
Vous me laissez dans l'embarras,
Qu'avez-vous à me dire:
D'abord que l'on veut bien rire,
D'abord que l'on veut bien rire,
D'abord,
Est-ce qu'on se retire?

Aprés plusieurs lazzis, le Docteur leur fait faire la paix, & ils dansent une entrée toute belle.

SCENE VIII.

DAME GIGOGNE, le Docteur, sa femme, Pierrot, Arlequine, un Païsan, une Païsanne, deux Pendules.

Dame Gigogne vient faire la reverence à la femme du Docteur qui la prie de danser : pendant qu'elle danſe, les Pendules viennent danſer avec elle : comme elle les apperçoit elles ſe remettent en leur place, & Dame Gigogne les renverſe pour voir s'il n'y a rien dedans.

SCENE IX.

DAME GIGOGNE, le Docteur, ſa femme, Arlequine, Pierrot, un Païſan, une Païſanne, deux Nains.

Deux Nains viennent ſe preſenter au Docteur pour être Danſeurs dans ſa troupe ; il les fait danſer devant lui, Dame Gigogne veut danſer avec eux, mais ils lui déchirent ſon habit en deux, & Arlequin qui ſe trouve ſous l'habit de Dame Gigogne, tire ſa batte & chaſſe tous les Acteurs en leur en donnant des coups de toute ſa force.

Fin du premier Acte.

ACTE II.

SCENE PREMIERE.

COLOMBINE, PIERROT.

AU commencement de la nuit Colombine sort tout doucement du logis de son pere le Docteur, pour aller trouver Arlequin dans une place voisine de sa maison; & Pierrot revenant de commission rentre au logis.

SCENE II.

COLOMBINE, PIERROT.
LE DOCTEUR.

Pierrot ne trouvant pas Colombine, la demande au Docteur qui crie contre lui. Ils sortent tous deux pour la chercher; étant dans la place, ils entendent Colombine qui dit, *St St*: le Docteur répond de même. Ils s'approchent, & le Docteur la prenant par le bras, la menace tres fort, ce qui donne lieu à des lazzys qui font rire; aprés quoi il montre le couplet suivant sur l'air: *Reveillez-vous belle endormie.*

 D'abord que vous perdez de veuë,
 Une fil'e à cet âge là,
 Vous la pouvez compter perduë,
 J'en ai trouvé, je sçai cela.

SCENE III.

ARLEQUIN, LE DOCTEUR, PIERROT, COLOMBINE.

Arlequin survient avec une lanterne sourde, & glisse une lettre à Colombine pour l'instruire du projet qu'il a formé pour l'enlever ; ce qui leur fait faire une Scene nocturne tres plaisante, parce que le Docteur voyant la lueur de la lanterne sourde d'Arlequin, veut l'attaquer, Arlequin s'en appercevant ferme sa lenterne, tire sa batte, & en frappe le Docteur & Pierrot qui rentrent avec Colombine.

SCENE IV.

SCARAMOUCHE, ARLEQUIN.

Scaramouche accourt au bruit qu'il entend ; il rencontre Arlequin nez à nez ; ils tombent tous deux par terre, ils se relevent. Arlequin ouvre sa lanterne & reconnoît Scaramouche à qui il dit tout bas ce qui vient d'arriver &

ce qu'il a entrepris pour enlever Colombine.

Il lui propose en même temps de se déguiser en laitiere qui mene ordinairement le matin les ânesses aux maisons pour en vendre le lait tout chaud ; que pour lui il se fait fort de se déguiser en ânesse, de la bien contrefaire, & qu'à l'égard de Colombine elle étoit prévenuë de son dessein.

Il n'y a point de couplet pour expliquer ce qui est marqué ci-dessus, parce c'est un secret qu'il confie à Scaramouche qui consent à tout.

Arlequin fait entrer Scaramouche dans son logis qui est presque vis-à-vis celui du Docteur ; il met une enseigne au dessus de sa porte pour faire connoître aux passans que l'on vend du lait chez lui.

SCENE V.

TROUPE DE MASQUES.

Dans le même temps plusieurs masques revenant du bal ayant des flambeaux avec eux se rencontrent dans le milieu de la place, & font ensemble un Balet, où chacun danse selon son caractere. Leur danse finie, ils s'en vont.

SCENE VI.

PIERROT SCARAMOUCHE.
ARLEQUIN.

Colombine feignant d'avoir l'estomach foible, prie le Docteur de lui faire boire du lait d'ânesse: le Docteur envoye Pierrot qui apperçoit en sortant l'enseigne d'Arlequin, & charmé de ne pas aller plus loin frape à la porte.

Scaramouche paroît deguisé en païsanne, & dit à Pierrot qui lui demande une bourique, qu'il sera aussitôt que lui chez le Docteur. Scaramouche monte sur Arlequin qui est déguisé en bourique, & va droit au logis du Docteur.

Arlequin en marchant se met à braire de toutes ses forces, & Scaramouche montre cet écriteau sur l'air : *Quand le peril est agreable.*

<blockquote>
Il suffit que tu sçaches braire
Puisque tu ne peux babiller :
Je vois bien des ânes briller
Depuis qu'on nous fait taire.
</blockquote>

SCENE VII.
COLOMBINE, PIERROT, ARLEQUIN, SCARAMOUCHE.

Colombine sort sur le pas de la

porte, caresse la bourique pendant que Scaramouche en tire du lait dans une écüelle: il la presente pleine à Colombine qui en boit un peu, & donne le reste à Pierrot pour le porter dans sa chambre. Pierrot n'est pas plutôt entré que Colombine monte sur la bourique, Arlequin l'emporte sur ses épaules, & Scaramouche ôte l'enseigne en s'en allant avec Arlequin.

SCENE VIII.
PIERROT, LE DOCTEUR.

Pierrot revient, & ne trouvant plus Colombine, appelle le Docteur qui sort & veut battre Pierrot, qui se retire.

Le Docteur étant au desespoir de la perte de sa fille, qu'il prejugeoit bien avoir été enlevée par Arlequin qu'elle aimoit depuis longtemps, se jette par terre & veut se casser la tête, lorsque tout

d'un coup il voit paroître un Magicien à qui il a recours pour faire périr Arlequin qui s'étoit deja embarqué : le Magicien luy prédit ce qui doit arriver à sa fille, à Scaramouche & à Arlequin en montrant ce couplet sur l'air :
Quand je quitterai ma Climene.

>Ta fille sera Souveraine,
>Ainsi l'a reglé le destin,
>Pendant que le fer & la chaîne
>Termineront le sort d'Arlequin.

Ce vaudeville chanté, il conduit le Docteur chez luy, fait ses conjurations & disparoit.

Le theatre change & represente les jardins d'un Prince d'Affrique.

SCENE IX.

ARLEQUIN, SCARAMOUCHE, COLOMBINE, LE PRINCE & sa suite.

Arlequin, Scaramouche & Colombine ayant été jettés par la tempête sur les côtes d'Affrique, vont se promener dans un jardin apartenant au Souverain du pays qui s'y rencontre par hazard avec quelques Officiers de sa suite: le Prince les salüe, & ordonne à deux de ses principaux Officiers de s'emparer de Colombine ; Arlequin & Scaramouche en veulent empêcher, mais on les saisit & on les enchaîne.

SCENE X.

LE PRINCE, ARLEQUIN, Scaramouche, Colombine troupe de Mores & Moresses de la suite du Prince.

Le Prince fait venir deux Moresses pour dépoüiller Colombine dont il veut faire sa maîtresse, voulant qu'elle soit vétuë à la mode du Païs: on la fait mettre sur un carreau de velours, les Moresses

ses la déshabillent & les Mores font une ceremonie tres belle, & dansent autour de Colombine pendant qu'on l'accommode comme une Princesse.

Aprés cette ceremonie le Prince emmene Colombine, Arlequin & Scaramouche brisent leurs chaînes & se jettent sur les Mores, par qui ils sont blessez & menez en prison pour le reste de leur vie.

L'Amour n'eût pas plûtot blessé le Prince qui fut épris de la beauté de Colombine, que Jupiter qui l'avoit chassé avec Mercure en fut averti par les Zephirs.

Jupiter contraint de les aller chercher, parce que les Déesses vouloient quitter l'Olimpe, s'il ne les faisoit revenir, descend sur le champ sur la terre avec Momus pour les trouver en quelque endroit qu'ils pussent être.

Le theatre change, & represente un bois des deux côtez, & dans l'enfonçure un village.

L'Amour qui se doutoit bien que Jupiter ne seroit pas long-temps sans courir aprés lui, ne restoit en nul endroit, & se transporta avec Mercure, d'Afrique en France, où il s'égara de Mercure dans un petit bois prés Paris

L'on entend un tonnerre épouvantable.

SCENE XI.

JUPITER, MOMUS.

Les éclairs annoncent l'approche de Jupiter, une simphonie agréable marque son arrivée ; il descend monté sur un Aigle accompagné de Momus, qui avoit chargé les Zephirs de suivre l'amour, & de donner avis à Jupiter des endroits par où il passeroit, afin de ne le pas manquer.

Jupiter chagrin de l'avoir chassé, & ayant peur de ne le pas retrouver si-tôt, montre ce couplet, sur l'air: *Quand le péril est agréable.*

L'amour regne jusques dans l'onde,
Les plus grands Dieux lui font la
  Cour,
Sans lui l'on n'a pas un beau jour
En aucun lieu du monde.

Momus répond à Iupiter par ce vaudeville, sur l'air : *J'entens déja le bruit des armes.*

L'amour ne se plaist qu'à mal faire,
Toûjours il cause du fracas ;
Il aime à faire le contraire
De tout ce qu'on ne voudroit pas :
Il sçait si bien se contrefaire,
Qu'on peut le comparer aux chats.

Aprés ce vaudeville Iupiter & Momus se cachent dans le bois, entendant venir quelqu'un.

C ij

SCENE XII.

MERCURE.

Mercure chagrin d'avoir perdu l'Amour montre ce couplet fur l'air : *Vous qui vous mocquez par vos ris.*

>L'amour me laiffe en ce pays,
>Croyant me faire injure ;
>Mais j'y trouverai des amis,
>Et je ferai figure ;
>Peut-on aujourd'huy dans Paris
>Se paffer de Mercure.

SCENE XIII.

L'AMOUR, MERCURE.

L'Amour fait une fcene de reconnoiffance avec Mercure : ce qui ne peut s'expliquer, parce que ce font tous lazzys.

SCENE XIV.

JUPITER, MOMUS, L'Amour, Mercure.

Iupiter & Momus entrent chacun d'un côté, & surprennent l'Amour & Mercure que Jupiter menace de punir rigoureusement s'ils ne retournent dans l'Olympe L'Amour fort irrité lui montre l'ecriteau suivant sur l'air : *La beauté la plus severe.*

  Je crains peu votre menace,
  Quand bien même j'aurois tort ;
  Que je fasse ou je défasse,
  Je suis maître de mon sort :
  Meritois je cette injure,
  Le fouët est pour un enfant,
  Croyez moi, je vous conjure,
  Si vous faites le méchant,
  Je vous rendrai, je vous jure,
  Doux & souple comme un gant.

Mercure prie Iupiter de les laisser encore un peu sur la terre, parce que l'Amour a resolu de contrefaire le charlatant, comme il l'explique par le vaudeville suivant, sur l'air: *Quand le peril est agreable.*

 Avant de finir l'avanture
 Contrefaisons les charlatans :
 L'on y gagne ; car les traitans
 S'en meslent, chose sûre.

Iupiter leur permet à condition qu'ils seront tous de la partie.

SCENE XV.

JUPITER MERCURE. Momus, l'Amour, troupe de bergers & debergeres, troupe de symphonistes, une Tourneuse.

Iupiter voyant cette bande joyeuse les prie de danser. Ce Ballet fini, la Tourneuse tourne d'une vîtesse & d'une propreté qui surpasse la capacité de toutes celles que l'on a pû voir jusques à present. Ensuite Mercure pour faire connoître que s'il n'y a pas eu de mariage dans le divertissement que l'on vient de representer, c'est que les Romains dans la Comedie des Comediens qu'ils ont joüée, ont fini la Piéce par un mariage, mais sans Notaire; comme il le dit par le couplet suivant, sur l'air: *Quand le peril est agreable*

Peut-on faire sans un Notaire
Un mariage avec éclat,
Les Romains l'ont fait sans contrat,
On les a laissé faire.

Ce couplet chanté, tous les Acteurs forment une marche & vont se preparer pour l'Amour charlatant.

Fin du second Acte.

ACTE III.

OU DIVERTISSEMENT.

L'On voit d'abord paroître Jupiter, Momus, l'Amour & Mercure qui sont assis sur un petit theatre.

Les jeunes gens du village accourent au bruit de l'arrivée d'un Operateur, ayant à leur tête plusieurs instrumens.

L'Amour qui contrefait l'Operateur, se leve, & monrre l'écriteau suivant pendant que Mercure jouë du violon, sur l'air *de saint Julien l'Hospitalier.*

> Mes remedes, je vous assure,
> Conservent toute la nature ;
> Je ne suis point un charlatan,
> Mais ne vous laissez pas surprendre,
> Par mon subtil orvietan,
> Il est dangereux d'en trop prendre.

Ce couplet fini, un étranger qui n'a point encore paru fait l'exercice de l'échelle, & ne s'y exposeroit pas s'il ne surpassoit tout autre, ce qui se connoîtra par experience. Il ne sera pas long-temps à le faire, parce qu'il ne fera que des tours surprenans.

L'exercice achevé, Jupiter montre le vaudeville suivant sur l'air.
Ici chacun s'engage.

>Plus on fuit la tendresse,
>Et plus le Dieu d'Amour
>A nous blesser s'empresse;
>Il faut ceder un jour.
>Aimez dans la jeunesse
>Il n'est rien de plus beau,
>Le faire en sa vieillesse,
>C'est courir au tombeau.

Le vaudeville chanté, un Anglois & une Angloise dansent une gigue : aprés laquelle Momus presente le couplet suivant sur l'air :
Dessus le fonds de Madame.

>Non non, ce n'est qu'au village
>Qu'on est exempt des soupirs,

Et chacun dans le bel âge,
Y contente ses désirs ;
Lorsque l'hymen les engage
Ils goutent de vrais plaisirs :
Mais ce n'est qu'au village.

Mercure jouë sur son violon un air fort tendre, pendant que l'amour danse : & son entrée finie, montre le vaudeville qui suit, sur l'air du *Confiteor*.

Quand on est assez malheureux
D'estre attaqué de la colique,
Mon secret est très merveilleux ;
Et si quelque serpent vous pique,
De mon baume mettez soudain,
Vous ferez sortir le venin.

Apres ce vaudeville, les villageois & villageoises dansent une entrée des plus comiques, & enyvrent une jeune fille qui danse l'yvrognesse ; apres quoi deux femmes déguisées en Turquesques viennent tenant d'une main un parasol & de l'autre des castagnettes, & sont précedées de deux hommes aussi déguisez en In-

diens, avec lesquels elles dansent.

Le balet fini, Arlequin presente
le couplet suivant au Parterre sur
l'air, *Vous qui vous moquez par vos
ris.*

>Si des Romains nos ennemis
>La satire vous touche,
>A vous, Messieurs, il est permis
>De le dire de bouche,
>Avec sincerité j'agis ;
>Que le morveux se mouche.

L'Amour montre ce dernier couplet, sur l'air, *Rien n'est si doux que
la tendresse.*

>Si votre humeur melancolique,
>Je parle à chaque spectateur,
>Ne se dissipe en ma boutique,
>J'auray beau faire le flateur,
>Un autre aura votre pratique ;
>Adieu, bon soir l'Operateur.

Tous les Acteurs & Actrices
font une marche en se retirant.

Fin de la piece.

AVIS.

L'on augmentera tous les jours quelque scene, pour tâcher de contenter ceux qui nous honoreront de leurs presences. S'il se rencontre pareillement quelque chose qui leur déplaise, on le retranchera & si la piece ne leur paroist pas bonne, on en mettra une autre.

C'est dans la premiere loge du Preau, du côté de la rue du Four, où étoit il y a quelques années le sieur Celle.

PERMISSION.

Veu l'approbation cy-dessus du sieur Passart, permis d'imprimer. Fait ce premier Fevrier. 1712.

M. R. DE VOYER D'ARGENSON

De l'Imprimerie de GUILLAUME VALLEYRE, ruë Saint Jacques, à la ville de Riom & aux Cicognes.

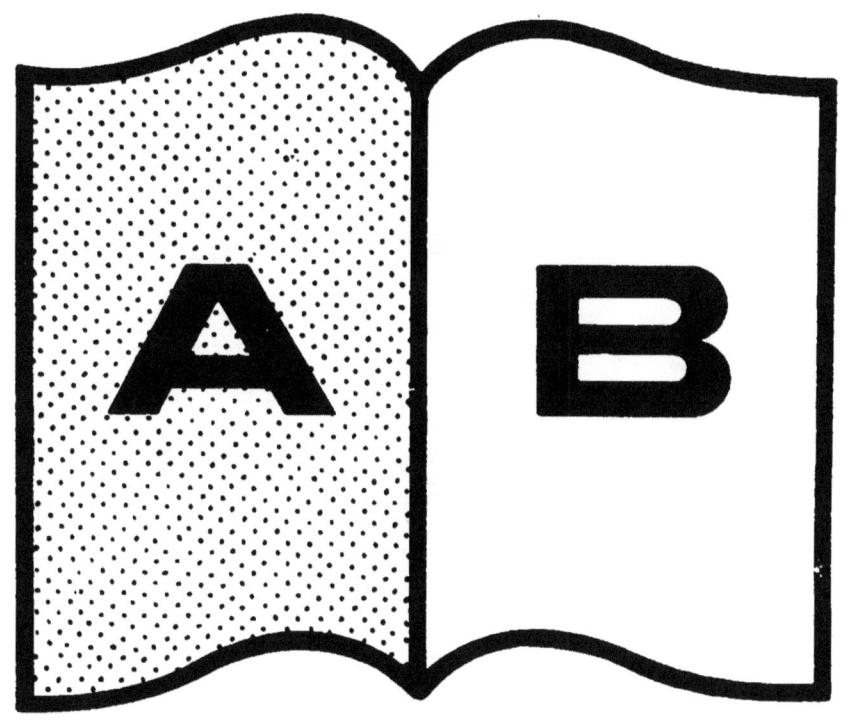

Contraste insuffisant

NF Z 43-120-14

www.ingramcontent.com/pod-product-compliance
Lightning Source LLC
Chambersburg PA
CBHW060514050426
42451CB00009B/973